Schluss mit dem Hintenrumgerede!

Schluss mit dem Hintenrumgerede!

Maja Storch, Johannes Storch

Maja Storch
Johannes Storch

Schluss mit dem Hintenrumgerede!

Die 15-Minuten-Wurmkur
für ehrliche Kommunikation

hogrefe

Maja Storch, Dr.
Institut für Selbstmanagement und Motivation
Zürich ISMZ
Scheuchzerstrasse 21
8006 Zürich
Schweiz
maja.storch@ismz.ch

Johannes Storch
Institut für Selbstmanagement und Motivation
Zürich ISMZ
Scheuchzerstrasse 21
8006 Zürich
Schweiz
johannes.storch@ismz.ch

Bibliografische Information der Deutschen Nationalbibliothek
Die Deutsche Nationalbibliothek verzeichnet diese Publikation in der Deutschen Nationalbibliografie; detaillierte bibliografische Daten sind im Internet über http://www.dnb.de abrufbar.

Anregungen und Zuschriften bitte an:
Hogrefe AG
Lektorat Psychologie
Länggass-Strasse 76
3012 Bern
Schweiz
Tel. +41 31 300 45 00
info@hogrefe.ch
www.hogrefe.ch

Lektorat: Dr. Susanne Lauri, Lisa Maria Pilhofer
Bearbeitung: Maria Schorpp, Konstanz
Herstellung: Daniel Berger
Umschlaggestaltung: Claude Borer, Riehen
Illustrationen (Innenteil): Claude Borer, Riehen
Satz: punktgenau GmbH, Bühl
Druck und buchbinderische Verarbeitung: Finidr s.r.o., Český Těšín
Printed in Czech Republic

2. Nachdruck 2024 der 1. Auflage 2019

(E-Book-ISBN_PDF 978-3-456-95957-3)
(E-Book-ISBN_EPUB 978-3-456-75957-9)
ISBN 978-3-456-85957-6
https://doi.org/10.1024/85957-000

Inhalt

Einleitung

Wir sind seit vielen Jahren in Organisationen unterwegs und nutzen die Metapher vom Strudelwurm für das Arbeiten mit Menschen aller Art. Der Strudelwurm ist ein leicht verständliches Bild für den unbewussten Teil der menschlichen Psyche. Der Strudelwurm-Teil arbeitet in vielerlei Hinsicht anders als der Verstand. In diesem Büchlein greifen wir einen bestimmten Aspekt der Metapher auf: die Sprache des Strudelwurms.

Aus Sicht der Hirnforschung ist der Strudelwurm in evolutionär „älteren" Teilen des Gehirns zu Hause. Die Regionen, die menschliche Verstandesleistungen hervorbringen, sind erst später entstanden. Den Strudelwurm jedoch haben die Menschen mit den Tieren gemeinsam.

Dieser Teil des Gehirns verfügt nicht über verbale Sprache. Er kann jedoch sehr wohl kommunizieren – über sogenannte somatische Marker, das sind Körpersignale und Gefühle. Wenn ein Mensch die Bewertungen seines Strudelwurms in Sprache fassen möchte, muss ein Übersetzungsvorgang stattfinden. Man muss gewissermaßen zum Wurm-Dolmetscher werden.

Die Tatsache, dass der Strudelwurm eine Dolmetscherin oder einen Dolmetscher braucht, bringt charakteristische Probleme mit sich, die mit ein wenig Unterweisung und Anleitung im Nullkommanix behoben werden können. Immer wieder erleben wir in unseren Workshops und nach Vorträgen über den Strudelwurm, wie hilfreich unsere einfachen Tipps sind. Das Verhältnis von Aufwand und Ergebnis ist einfach toll. Wir haben diesem Input daher einen eigenen Namen gegeben: die 15-Minuten-Wurmkur. Mehr Zeit braucht man nicht, um die Kommunikation im Team deutlich zu verbessern. Das versprechen wir.

Übrigens: Da die meisten Personen, die in Teams arbeiten, auch privat mit anderen Menschen auf die eine oder andere Art verbunden sind, ist es von uns aus durchaus empfohlen, das Wissen um die 15-Minuten-Wurmkur zum Beispiel auch in der eigenen Familie anzuwenden.

Maja Storch und Johannes Storch, 2019

Ein seltsames Phänomen

Unsere Überlegungen zum Thema „Schluss mit dem Hintenrumgerede!“ begannen mit einem Auftrag. Eine Stadtverwaltung mit 400 Mitarbeitenden hatte uns für einen Weiterbildungstag zum Thema „Kommunikation“ gebucht. Zur Vorbereitung auf diesen Tag waren die Verantwortlichen auf eine interessante Idee gekommen: Die Mitarbeitenden erhielten die Möglichkeit, in einer anonymen Befragung die Probleme zu benennen, die sie in der Stadtverwaltung in Sachen Kommunikation am dringlichsten zu beheben wünschten.

Das Ergebnis dieser Befragung verblüffte uns. Den absoluten Spitzenplatz unter den sofort abzuschaffenden Problemen hatte das Thema „Hintenrumgerede“. Was war damit gemeint? So gut wie alle Mitarbeitenden der

Stadtverwaltung litten darunter, dass Probleme nicht offen angesprochen wurden. Die Konfliktgespräche wurden selten mit der Person geführt, die sie eigentlich betrafen. Stattdessen wurde „hintenrum geredet" und gestänkert. Vorneherum begegnete man sich zwar freundlich, aber diese Freundlichkeit wurde als nicht ehrlich empfunden. Die allermeisten Mitarbeitenden beschrieben den Umgang miteinander auf diese Weise.

Was war an diesem Ergebnis für uns verblüffend? Nicht etwa die Tatsache, dass Menschen unter Falschheit und Verlogenheit leiden, das kann man leicht nachvollziehen. Uns verblüffte die Tatsache, dass alle Mitarbeitenden das Hintenrumgerede ablehnten. Wer, bitteschön, war es denn dann, der hintenrum redete, wenn sich alle darüber einig waren, dass dies keine fruchtbare Art der Kommunikation ist? Irgendjemand musste ja hintenrum reden, sonst gäbe es ja keine Gelegenheit, darunter zu leiden!

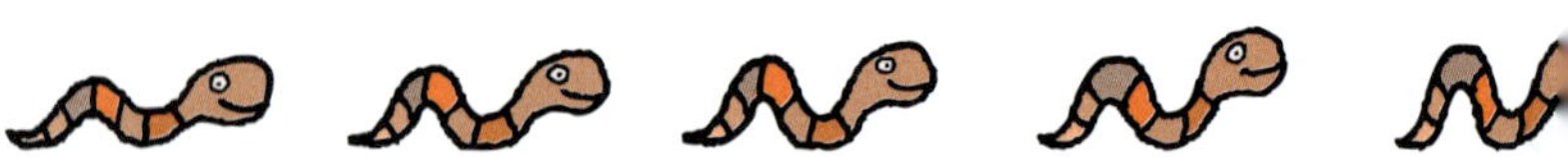

Nach einigen Debatten kamen wir zu dem Ergebnis, dass vermutlich die allermeisten der Belegschaft einen eigenen Beitrag zur „Hintenrum-Kultur“ in dieser Stadtverwaltung leisteten – obwohl sie das selber eigentlich ablehnten. Offenbar handelte es sich hier um ein menschliches Alltagsphänomen, das vielen einfach passierte, im Prinzip gegen ihren Willen und auch gegen ihr Wertesystem.

Man muss an dieser Stelle die unfreiwillig Hintenrumredenden klar unterscheiden von den bösartig-intriganten Hintenrumredenden. Für die Bösartigen braucht es andere Mittel als die in diesem Büchlein vorgeschlagenen. Von den Bösartigen gibt es in Teams allerdings nicht sehr viele. Unserer Erfahrung nach sind das oftmals bedauerliche Einzelfälle, um die sich die Personalabteilung kümmern muss. Für die unfreiwillig Hintenrumredenden jedoch, und das ist die überwiegende Mehrzahl, haben wir Überlegungen entwickelt, die viel erklären und ziemlich schnell sehr hilfreich sein können.

Und Sie ahnen es vielleicht schon: Der Kern unserer Überlegungen ist, dass der Mensch mit zwei Systemen umgehen muss: mit dem Verstand und mit dem Unbewussten. Für das Unbewusste haben wir die Metapher vom Strudelwurm entwickelt, den wir nun zunächst einmal vorstellen möchten.

Der Strudelwurm

Dies ist der Strudelwurm. Weil er als Figur an der Universität Zürich, in der Schweiz also, entwickelt wurde, wird er auch gerne „das Würmli“ genannt. Mithilfe dieser liebenswürdigen Figur lassen sich komplizierte Vorgänge in der menschlichen Psyche auf leicht verständliche Art darstellen. Und zwar so, dass sich alle im Alltag sofort danach richten können.

Der Mensch verfügt mit seinem hoch entwickelten Gehirn über zwei unterschiedliche Systeme, mit denen er Bewertungen vornehmen kann: einmal das Wurmsystem, das unbewusst arbeitet und aus der Sicht der Evolution ein sehr „altes“ System ist. Wir Menschen haben es mit den Tieren gemeinsam, sogar mit so einfachen Organismen wie einem Strudelwurm.

Das menschliche Nervensystem hat sich im Lauf der Evolution natürlich weiterentwickelt. Außer dem Wurmsystem verfügt der Mensch über den bewussten Verstand, mit dem er über Sachverhalte nachdenken kann. Der Verstand kann so wunderbare Dinge wie in die Zukunft denken, Quantenphysik erfinden oder Sinfonien komponieren. Die beiden Bewertungssysteme vom Würmli und vom Verstand können dem Menschen jedoch auch Schwierigkeiten bereiten, denn sie arbeiten in mehrerlei Hinsicht auf ziemlich verschiedene Weise. In der folgenden Aufstellung sind einige der wichtigsten Unterschiede dargestellt.

Zwei Bewertungssysteme

	Verstand	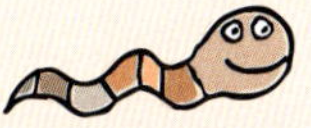
Arbeitstempo	langsam	schnell
Kommunika-tionsmittel	Sprache (präzise Argumente)	Somatische Marker (diffuse Gefühle)

Verstand und Würmli haben ein unterschiedliches Arbeitstempo. Der Wurm ist außerordentlich fix. Seine Bewertung erfolgt 200 bis 300 Millisekunden, nachdem ein Reiz wahrgenommen wurde, also richtig schnell. Der Verstand hingegen braucht wesentlich länger, bis er eine Sachlage erfasst und beurteilt hat, er ist das langsamere System von beiden. Er hat dafür aber einen bedeutsamen Vorteil: Hat man eine Sache mit dem Verstand durchdacht, kann man das Ergebnis in klare Worte fassen. „Ich möchte beantragen, dass wir ein neues Vorgehen bei den Reisespesen entwickeln und die Daten direkt online eingeben. Unsere bisherige Vorgehensweise ist uneffektiv und frisst allen Beteiligten zu viel Zeit.“ So hört sich eine Frau an, die über einen Sachverhalt gründlich nachgedacht hat und klar benennbare Gründe für ihren Antrag aufführen kann.

Das Würmli arbeitet hingegen völlig anders. Es kommt ohne Worte aus. Wenn sich der Strudelwurm meldet, hat man keine klaren Argumente zur Verfügung, sondern diffuse Körperempfindung oder Gefühle. In der Wissenschaft nennt man diese Signale „somatische Marker“. Wer in der Kindheit Comics gelesen hat, erinnert sich sicher an eine ganz bestimmte Situation, die immer dann eintritt, wenn einer der gezeichneten

Figuren etwas nicht in den Kram passt. Die Figur sitzt dann da mit einem wellenförmig gezeichneten Mund, einer in Falten gelegten Stirn, und in der Sprechblase steht: „grmpfl“. Dieses „grmpfl“ ist ein Wurmsignal, es beinhaltet eine deutliche Bewertung, nämlich eine negative. Die Figur, die das Wurmsignal bekommt, hat in diesem Moment jedoch keine Worte, um ihr „grmpfl“-Gefühl näher zu erläutern. Wenn die Comicfigur genau erklären wollte, was für eine Laus ihr über die Leber gelaufen ist, dann bräuchte sie Zeit, um die Sachlage mit dem Verstand zu überdenken. Durch diesen Vorgang wird dann aus dem „grmpfl“ ein Argument.

Sehr oft haben Menschen mit einem „grmpfl“-Gefühl das Problem, nicht zu wissen, was sie sagen sollen. „Kannst du heute noch schnell den Typ von der Morgenzeitung anrufen und ihn fragen, was er für die Pressemappe haben will?“ Das Würmli meldet sich sofort, innerhalb von

200 Millisekunden, denn es hat für heute ganz andere Dinge geplant. Der Journalist und seine Pressemappe passen da eigentlich überhaupt nicht mehr hinein. Das Würmli schickt ein deutliches „grmpfl". Was soll man jetzt antworten? Der Kollege wartet auf eine Antwort. Soll man „grmpfl" sagen? Geht doch nicht. Also sagt man nichts, zuckt mit den Schultern und übernimmt den Job. Gerade weil die Wurmsignale keine „richtige" Sprache haben, wird die Wurm-Bewertung oft übergangen.

Der Wurm schickt natürlich nicht nur negative Signale, er zeigt auch deutlich, wenn ihm etwas gefällt. Das macht sich dann zum Beispiel als ein warmes Gefühl im Bauch bemerkbar. Oder als eine Erleichterung in der Brust. Wir nennen das ein „bingo"-Gefühl. Mit ihm lässt sich erkennen, wenn das Würmli etwas spontan gut findet.

Grundsätzlich gilt als Faustregel: Menschen, die ihr Leben in Einklang mit den Wurmsignalen gestalten können, erleben eine größere Zufriedenheit mit ihrem Alltag als Menschen, die dies nicht tun. Zufriedenheit im Alltag ist das Ergebnis eines glücklichen Wurms. Wer den Wurm zu lange vernachlässigt, den beschleicht irgendwann das Gefühl, fremdbestimmt zu leben und das eigentliche Leben zu verpassen. Abgesehen von seinem wichtigen Beitrag zur persönlichen Lebenszufriedenheit ist der Wurm auch daran beteiligt, wenn in einem Team (oder in einer Familie) schlechte Stimmung herrscht, weil hintenherum geredet wird. Wie das geschehen kann, schauen wir uns jetzt einmal an.

Grund 1 für Hintenrumgerede: Das „grmpfl“

Eben haben wir erklärt, dass der Wurm nicht über Menschensprache verfügt, er kann sich nicht in Worten ausdrücken. Er hat jedoch eine deutliche Wurmsprache, und das sind seine „grmpfl“ und seine „bingo“. Mit der Wurmsprache kann aber ein Problem auftreten: Es kann sein, dass man in dem Moment, in dem das „grmpfl“ auftritt, selber noch gar nicht genau sagen kann, woher es kommt und was es zu bedeuten hat. Darum geschieht es immer wieder, dass Menschen in der entscheidenden Situation die Klappe halten und nichts sagen. Später dann, wenn alles vorbei ist, fällt einem genau das ein, was man in der Situation eigentlich sagen wollte. Abends im Bett, wenn man eigentlich einschlafen möchte, ist der „perfekte“ Zeitpunkt, um gründlich darüber nachzudenken, was man schlagfertig hätte einwenden können.

Was passiert hier? Der Verstand braucht, wie wir gesehen haben, etwas mehr Zeit, um Geschehnisse in Worte zu fassen, als das Würmli für seine „grmpfl“ und „bingo“ benötigt. Er wägt alles ab, vergleicht die einzelnen Komponenten der Situation miteinander und bezieht vergangene und zukünftige Situationen mit in seine Überlegungen ein. Wenn er für diese komplexen Auswertungen genug Zeit gehabt hat, dann ist er in der Lage, Worte dafür zu finden und wohlgeordnete Argumente zur Verfügung zu stellen. Dieses langsame Vorgehen hat den Vorteil, dass es sehr präzise und gründlich daherkommt. Der Nachteil liegt auf der Hand: Man reagiert nicht schnell genug, sondern hat seine Argumente erst zu einem Zeitpunkt beisammen, an dem „der Markt schon verlaufen ist“, wie wir im Schwarzwald sagen. Es ist zu spät, die Interaktion ist vorbei, und die beteiligten Gesprächspartner sind schon längst in alle Winde verstreut.

Was macht nun die Person, der ihr Verstand einen Riesenvorrat an Argumenten und Überlegungen produziert hat? Sie sitzt im Prinzip auf einem großen Erntevorrat und weiß nicht, was sie damit anfangen soll.

Maja hat im Garten einen Quittenbaum, der jedes Jahr zuverlässig die herrlichsten Quitten produziert – eigentlich ein Geschenk der Natur. Dieses Geschenk hat nur einen Haken: Niemand will die Quitten haben, denn Quitten sind extrem schwer zu verarbeiten, weil sie so hart sind. Das macht niemand gerne. „Willst du einen Korb Quitten?", fragt Maja jedes Jahr aufs Neue hoffnungsvoll Freunde und Nachbarn. Und die Antwort ist jedes Jahr aufs Neue gleich: „Oh nein, danke, lieber nicht, dafür habe ich keine Zeit." Wer die ganzen Jahre über noch zuverlässig Quitten abgenommen und zu Quittengelee verarbeitet hat, war unsere Mutter, die den Krieg noch erlebt hat und darum nichts verkommen lässt. Letztes Jahr versiegte auch diese Quelle. „Ich werde jetzt 90 und meine Finger tun so weh, besonders der Daumen. Ich lasse das jetzt bleiben mit den Quitten", teilte das Mütterlein mit.

So wie Maja jeden Herbst aufs Neue auf einem großen Korb Quitten sitzt, so sitzt der Mensch, dessen Verstand nun in Ruhe über alles nachdenken konnte, auf einem großen Korb voller Worte und Argumente. Wohin damit? Da bietet sich eine einfache Lösung an: Der Erstbeste, der des Weges kommt und bereit ist, sein Ohr zu leihen (was für ein schöner Ausdruck!), bekommt in dieses Ohr die ganze prachtvolle Worternte hineingesprochen. Der Vorteil: Der Korb ist danach leer, und der Inhalt wurde einer sinnvollen Verwendung zugeführt. Der Nachteil: Man hat hintenherum geredet. Denn in den seltensten Fällen kommt gerade die Person des Weges, die das „grmpfl" verursacht hat. Meistens kommt irgendjemand, und der wird mit der Ernte beschenkt, ob er das nun will oder nicht. Das geht ganz schnell.

Wenn man sich nun selbst hier wiedererkennt, als Person, die eine gewisse Zeit dafür braucht, um dem Grund oder den Gründen ihres „grmpfl" nachzugehen, dann bieten sich die Tools „Affektbilanz" und „Ideenkorb" an. Wir schlagen vor, dass Sie alle Tools, die wir in diesem Büchlein beschreiben, zuerst bei sich selbst ausprobieren und dann Kolleginnen und Kollegen, Freunden und Verwandten weitererzählen, um damit das Zusammenleben und Zusammenarbeiten dauerhaft zu verbessern. Aber zuerst ein Beispiel von ungeklärtem „grmpfl“:

> Werner ist ein guter Freund von Johannes und Fahrschullehrer. Er lebt davon, Menschen unterschiedlichen Alters das Autofahren beizubringen. Die meisten seiner Fahrschüler schaffen die Fahrprüfung nach der gesetzlich vorgeschriebenen Anzahl der Fahrstunden problemlos. Das freut Werner, denn eine geringe Durchfallquote gilt als Qualitätsmerkmal für guten Unterricht. Allerdings hat Werner immer mal wieder Fahrschüler/innen, die „Schwierigkeiten bei der Koordination ihrer Gliedmaßen haben“, wie er es beschreibt, und dadurch dem Verkehr weniger Aufmerksamkeit schenken können als erforderlich wäre. Sie brauchen deutlich mehr Fahrstunden und fallen auch signifikant öfter durch die Prüfung. Einen solchen Kandidaten schult Werner jetzt bereits seit einem Jahr und entwickelt ihm gegenüber zunehmend negative Gefühle. Auf die Frage, was genau ihn an der Situation so ärgert, konnte er nur Beispiele zu dem Fahrverhalten

und den immer gleichen Fahrfehlern geben. Was in ihm selbst brodelt und den Ärger verursacht, blieb unklar. Daraufhin schlug ihm Johannes vor, dem Ärger mit der Affektbilanz und der Ideenkorbtechnik auf den Grund zu gehen. Nur wenn Werner die Ursache für seinen Ärger kennt, kann er eine Lösungsstrategie entwickeln.

Die Affektbilanz

Der Strudelwurm hat, wie wir wissen, zwei Möglichkeiten, seine Bewertungen zu einer Situation oder einer Person abzugeben. Er kann für etwas oder jemanden positive Gefühle hegen. Das „bingo“ steht immer für etwas Attraktives und Verlockendes. Der Strudelwurm kann aber auch genauso gut für etwas oder jemanden negative Gefühle entwickeln. Was „grmpfl“ hervorruft, turnt ihn ab, davon will er möglichst schnell weg. Diese beiden Möglichkeiten lassen sich mit der Affektbilanz grafisch darstellen. Affekte sind die einfachsten Gefühle oder Gefühlsregungen, die im Gehirn auf der Strudelwurmebene angesiedelt sind, auf der lediglich zwischen positiven und negativen Gefühlen unterschieden wird. Affekte unterscheiden sich aber nicht nur in ihrer positiven oder negativen Ausprägung, sondern auch in ihrer Stärke. Ist das Gefühl eher schwach oder eher stark ausgeprägt? Wenn man im Supermarkt in einer langen Schlange vor der Kasse steht, ist das immer ärgerlich. Aber die Kassenschlange vor einem wichtigen Termin ist wahrscheinlich ärgerlicher als die gleiche Schlange im Supermercado im Urlaub auf Mallorca. Eine Affektbilanz kann man zu allen möglichen Situationen, Dingen und Personen erstellen. Die Skala der Affektbilanz ist bewusst ohne Einteilung, das heißt, nur mit den Endpunkten 0 und 100 als Minimum und Maximum versehen. Der

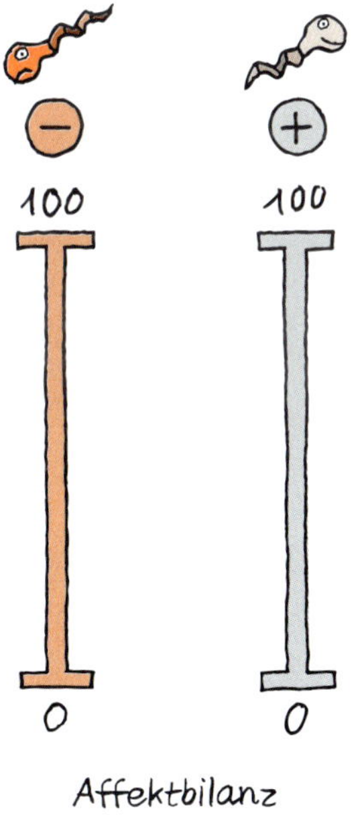

Grund dafür ist: Der Verstand ist mit dieser visuellen Analogskala überfordert und gibt das Zepter an den Strudelwurm ab. Dem fällt es leicht, die Intensität auf dieser Skala einzuschätzen, er braucht dazu keine Striche und Zahlen. Der Verstand kann im Anschluss daran die Stärke als Zahl eintragen, wenn das gewünscht ist. Im Nachrechnen ist wiederum der Verstand sehr gut.

100
100
−70
0
0
Schlange an der Kasse
100
100
−100
0
0
Prüfung nicht bestanden
Negative
Affektbilanz
100
100
−50
0
0
Körpergeruch bei anderen
100
100
−60
0
0
Reifenpanne

100
100
0
0
+60
freundliches Gespräch
in der Kasseschlange
100
100
+100
0
0
bestandene Prüfung
Positive
Affektbilanz
100
100
+50
0
0
Eis essen mit Freunden
100
100
+70
0
0
am Strand liegen

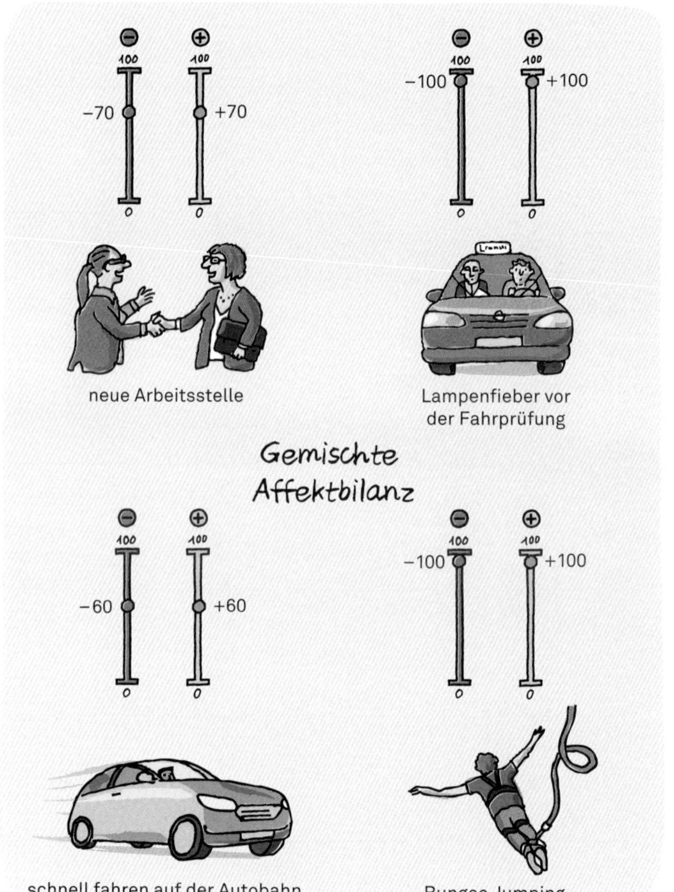
Gemischte Affektbilanz
100
100
0
0
−70
+70
neue Arbeitsstelle
−100
+100
Lampenfieber vor der Fahrprüfung
−60
+60
schnell fahren auf der Autobahn
−100
+100
Bungee Jumping

Werner macht auf der Affektbilanz zu seinem Langzeitfahrschüler spontan zwei Striche, auf der negativen Seite bei minus 85 und auf der positiven Seite bei plus 20. Nachdem die Affekte eingetragen sind, kann Werner sich in einem zweiten Schritt Gedanken darüber machen, was hinter diesen Zahlen oder Affekten genau steckt. Er wundert sich zunächst einmal, dass sein Strudelwurm bei allem Ärger doch noch etwas Gutes an der Situation findet. Aber was genau findet Werners Würmli den gut? Der Strudelwurm macht keine konkreten sprachlichen Angaben darüber, was ihm gefällt oder ärgert, er äußert seine Meinung durch Gefühle. Und die müssen zuerst in Sprache übersetzt werden, damit der Verstand damit weiterarbeiten kann. Um herauszufinden, was die einzelnen Affekte bedeuten können, nutzt man die Ideenkorbtechnik.

Der Ideenkorb

Die Ideenkorbtechnik ist eine Art Brainstorming. Dabei bittet man andere Personen, Vorschläge zu machen, wie sich das Ergebnis der eigenen Affektbilanz in Sprache übersetzen ließe. Man hat selbst sicherlich sofort einige Einfälle dazu, denn schließlich ist es das eigene Thema, mit dem man sich da auseinandersetzt. Diese müssen natürlich auch in den Ideenkorb. Aber vielleicht haben ja andere Menschen völlig unerwartete Ideen, auf die man selbst nicht gekommen wäre, die aber genau den Punkt treffen. Um in den Besitz dieser Ideen zu gelangen, schildert man mehr oder weniger ausführlich die Situation, um die es geht, und stellt dann einen imaginären Korb vor sich auf. Nun machen die anderen Vorschläge dazu, was den Strudelwurm bei diesem Thema bewegen könnte. Erlaubt sind hier Vorschläge aller Art, alle werden unkommentiert gesammelt, um an möglichst viele Ideen heranzukommen. Wenn der Korb dann reich gefüllt ist, wertet der Ideenkorbbesitzer oder die -besitzerin den Inhalt in aller Ruhe aus und entscheidet selbst, welche der Vorschläge für ihn oder sie sinnvoll sind.

Werner sammelt am monatlichen Stammtisch mit seinen Kollegen Ideen und wertet den Ideenkorb anschließend in Ruhe aus. Bei den Vorschlägen für den positiven Affekt gefällt ihm die Idee, dass der Fahrschüler ihm regelmäßig Geld in die Kasse spült, besonders gut. Aber das Plus 20 kann den starken negativen Affekt von minus 85 nicht ausgleichen. In dem Ideenkorb für die negativen Gefühle wird Werner mehrfach fündig:

1. seine Sorge, dass der Fahrschüler doch irgendwann die Prüfung besteht und dann als potentieller Gefährder anderer Verkehrsteilnehmer durch die Gegend fährt

2. seine Verzweiflung darüber, dass all seine Bemühungen nichts bewirken

3. der Vorwurf in der Stimme des Fahrschülers, wenn er auf die Anzahl der Fahrstunden zu sprechen kommt

4. die Sorge um seinen Ruf bei den Fahrprüfern und Kollegen

Nachdem Werner alle Gründe nach ihrer Stärke bewertet hat, zeigt sich, dass seine Sorge, eine Person auszubilden, die definitiv nicht zum Autofahren geeignet ist, ganz oben steht. Der Reputationsverlust bei Prüfern und Kollegen war dagegen im unteren Drittel angesiedelt. Unterm Strich war das für ihn Grund genug zu beschließen, dem Fahrschüler mitzuteilen, dass er ihn fürs Autofahren ungeeignet hält und ihn nicht weiter ausbilden wird.

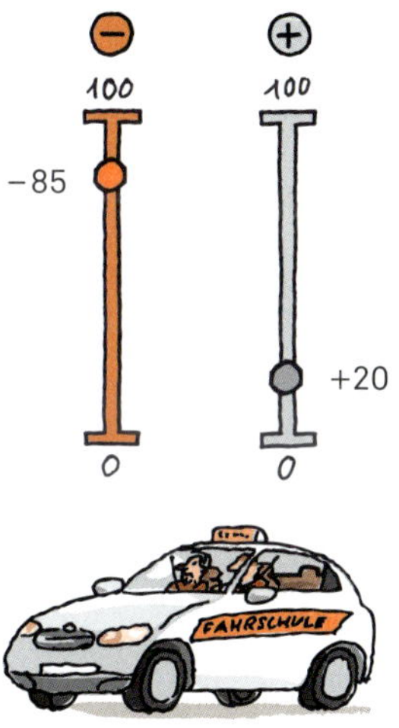

Affektbilanz Werner

Grund 2 für Hintenrumgerede: Schnelle Starter und Langsame Brüter

Ein zweiter Grund dafür, dass völlig liebenswerte Menschen, die Hintenrumgerede grundsätzlich ablehnen und sich wünschen, dass man Probleme offen und direkt gegenseitig mitteilt, trotzdem selbst auf einmal zum Hintenrumgerede beitragen: der Unterschied zwischen Schnellen Startern und Langsamen Brütern. Menschen unterscheiden sich im Ausmaß ihrer Spontaneität und Schlagfertigkeit. Schnelle Starter sind nie um einen Spruch verlegen und können sofort etwas Vernünftiges erwidern, falls dies in einer Debatte nötig werden sollte. Dieser Unterschied ist zunächst einmal ein Persönlichkeitsmerkmal und genetisch angelegt. Es kann aber auch einem Schnellen Starter passieren, dass ihm in einer Situation echt die Spucke wegbleibt und nichts Gescheites mehr einfällt. Genauso kann ein Langsamer Brüter davon überrascht werden, dass er auf einmal ausrastet und sich Worte sagen hört, die ihm normalerweise niemals über die Lippen kommen würden. Diese Typologie ist nicht im Sinne von Schubladen zu verstehen, in denen man ein für alle Mal steckt. Sie ist mehr als Reaktionswahrscheinlichkeit aufzufassen. Schnelle Starter sind in der Regel eher flott mit ihrer Antwort, Langsame Brüter brauchen meistens mehr Zeit, bis sie ihre Gedanken sortiert haben. Beide können aber auch anders.

Wie hängen jetzt diese Reaktionstypen mit der Thematik des Hintenrumgeredes zusammen? Die Schnellen Starter haben damit meistens weniger zu tun, denn sie äußern sich sofort. Das kann vor lauter Spontaneität auch einmal frech oder verletzend sein, aber immerhin wurde einem „grmpfl“ Ausdruck verliehen. Gefährdet in dieser Hinsicht sind die Langsamen Brüter.

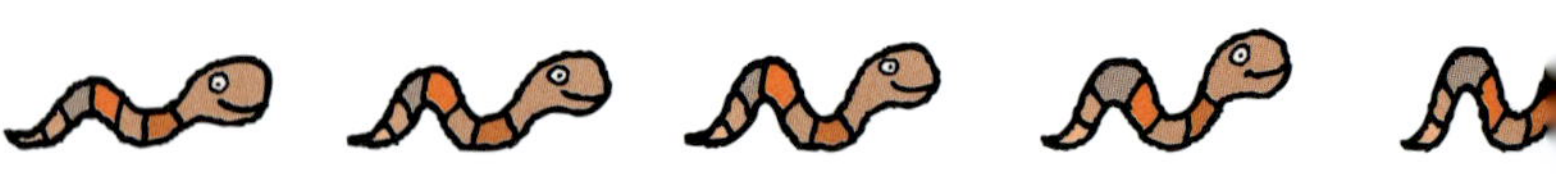

Finn, ein guter Kollege von Maja, der als Trainer arbeitet, berichtet ihr regelmäßig von Honorarverhandlungen, die für ihn unbefriedigend verlaufen sind. Im Nachhinein haben die Abmachungen, die getroffen wurden, einen Haken, den er im Gespräch selbst noch gar nicht klar identifiziert hat.

„Stell dir vor, was die mir aufs Auge gedrückt haben", erzählt er wutentbrannt. „Ich mache für die einen eintägigen Workshop zum Thema Resilienz und das zu einem mittelmäßigen Honorar. Und jetzt soll ich als Einstimmung in die Thematik einen Beitrag von vier Seiten für den Firmen-Newsletter schreiben! Mensch, da sitz ich zwei Tage dran. Minimum! Du weißt ja, wie schwer mir das Schreiben fällt, so was schüttele ich doch nicht aus dem Ärmel. Die füllen auf meine Kosten ihren Newsletter, das ist doch wirklich unverschämt."

„Aber dann melde dich doch noch mal bei denen und sage ihnen, dass du diesen Beitrag nicht unentgeltlich liefern kannst. Erkläre ihnen das so, wie du es mir erklärt hast."

„Nee, Maja, nee. Ich will nicht nachkarteln. Ich hab' jetzt zugestimmt, und dabei bleibt es. Ich werde den verflixten Beitrag schreiben."

Finn hat eine eigene Regel, die für ihn nicht zur Diskussion steht: Nachkarteln gilt nicht.

Mit dieser Regel macht man sich das Leben schwer, wenn man ein Langsamer Brüter ist, und Finn ist in der Tat ein Langsamer Brüter. Er lässt sich zu Staffelhonoraren breitschlagen, bei denen er selber fast das ganze Risiko trägt. Er stimmt zu, Unterlagen für die Teilnehmenden zu erstellen, bei denen er das Firmenlogo in sämtliche Arbeitsblätter, Lehrtexte und Powerpoint-Dateien einbauen muss. Englische Untertitel werden von ihm selber übersetzt, Reisekosten werden ins Honorar inkludiert, Seminare beginnen um 7.30 Uhr morgens, ohne dass eine Hotelübernachtung für ihn budgetiert wäre. Finn lebt in einer Trainerwelt, die von Fallen und Tretminen nur so wimmelt, und er hat bei den meisten Aufträgen irgendein ziemlich dickes Haar in der Suppe. Das wäre normalerweise alles nicht weiter betrüblich, wenn er nicht diese Regel mit dem Nachkarteln-Verbot befolgen müsste. Es ist für Langsame Brüter normal, dass sich bei geschäftlichen Verhandlungen nach einigem Brüten einige Aspekte der Vereinbarungen als unvorteilhaft herausstellen. Solange man sich jedoch erlaubt, bestimmte Aspekte der Verhandlungen neu zu besprechen, kann man wunderbare Ergebnisse erzielen.

Für Langsame Brüter sollte darum die Regel gelten: Nachkarteln ist erlaubt. Jedes Team, das sich ganz offiziell diese Erlaubnis gibt, hat eine wichtige Quelle von Unfrieden aus der Welt geräumt, denn die Langsamen Brüter bekommen dadurch eine Gelegenheit, die Ergebnisse ihres Nachdenkens zu Gehör zu bringen.

An diese Stelle möchte Maja eine Geschichte von sich selber erzählen, damit es nicht so aussieht, als würde nur den Langsamen Brütern die Spucke wegbleiben. Auch Schnelle Starter wie Maja können davon betroffen sein, denn jeder Mensch gerät hin und wieder in Situationen, auf die man wirklich nicht gefasst war und wo man nur noch feststellen kann: „Mir fehlen die Worte!“

Es war an einem Abend im November. Draußen war es dunkel, kalt und glitschig. Ein einsetzender Schneeregen machte die Außenwelt nicht gerade verlockender. Maja stellte kurz vor Ladenschluss fest, dass kein Brot mehr im Haus war, und machte sich schlecht gelaunt auf den Weg zum örtlichen Supermarkt, der auch einen Bäckerladen beheimatet. Direkt vor dem Eingang befindet sich eine Art Hütte, in der die Einkaufswagen stehen, die sich mit einem Eurostück losketten lassen. Neben dieser Hütte wiederum hat es herrliche Parkplätze, die einem den kürzesten Weg zum Eingang und einen komfortablen, regenfreien Zugang zu den Einkaufswagen ermöglichen. Diese begehrenswerten Parkplätze haben jedoch einen Haken: Sie sind für Schwerbehinderte reserviert.

Jedes Mal, wenn Maja an diesen Parkplätzen vorbeifährt, hat sie mit inneren Stimmen zu kämpfen.

„Ach, stell dich doch schnell da drauf, für die fünf Minuten geht das schon, da wird jetzt kein Schwerbehinderter kommen", sagt das Teufelchen.

„Nein, das gehört sich nicht. Wo kämen wir hin, wenn jeder so denken würde. Eine bürgerliche Zivilgesellschaft kann nur funktionieren, wenn alle sich an gewisse Anstandsregeln halten. Dazu gehört es auch, Behindertenparkplätze für die wirklich Bedürftigen frei zu lassen und nicht aus egoistischen Motiven zu blockieren", meldet sich das Engelchen mit erhobenem Zeigefinger und gesträubter Augenbraue.

„Och mannoooooo", nörgelt das Teufelchen. „Ist doch echt nur für kurz, nur schnell Brot kaufen, mannnoooo..."

„Du kennst meine Meinung!" Das Engelchen verschränkt die Arme vor der Brust und schaut grimmig drein.

„Also gut, bevor ich Krach riskiere, dann such halt einen Parkplatz, schön weit vom Eingang entfernt, dann kannst du prima durch den Regen laufen, dafür steigt dein Heiligkeitsfaktor. Meine Güte, wie kann man nur so bescheuert sein." Achselzuckend macht sich das Teufelchen vom Acker.

Dieser innere Dialog fand natürlich auch an dem grässlichen Novemberabend statt, wie man sich unschwer denken kann. Maja kämpfte wirklich stark mit ihrem inneren Teufelchen, aber das Engelchen siegte, und Maja parkte weit entfernt vom Eingang in der schmutzigen Dunkelheit. Auf dem Weg zum Markt wäre sie fast angefahren worden von einem so genannten SUV, diesen überdimensionierten Großraumautos, die ihr sowieso ein Dorn im Auge sind. Schwarz lackiert und mit einer rosa Aufschrift „Tussi" auf dem Rückfenster versehen. Und wohin bewegte sich dieses Gefährt? Man ahnt es sicherlich. Zielsicher steuerte die „Tussi“ den Behindertenparkplatz an und platzierte ihr Prunkstück dort fett, frech und bequem. Maja blieb stehen, um zu beobachten, wie viele Behinderte das SUV wohl beherbergte. Natürlich stieg kein einziger Behinderter aus, sondern eine Tussi mit blonder Haarverlängerung und künstlichen Fingernägeln voller Glitzersteinchen. Eine ebensolche Dame älteren Semesters verließ das SUV über die Beifahrertür.

„Sie haben aber schon bemerkt, dass sie auf dem Behindertenparkplatz stehen?“, fragte Maja mit griesgrämigem Gesichtsausdruck, um deutlich zu machen, dass die bürgerliche Zivilgesellschaft den Regelbruch durchaus bemerkt hat.

„Nee, das ist nicht für Behinderte, das ist Mutter-Kind!“, erwiderte die junge Tussi schlagfertig und rauschte mit Alt-Tussi triumphierend von dannen.

Maja fehlten die Worte, ihr blieb einfach die Spucke weg. Ihr war klar, dass Jung-Tussi diesen Schlagabtausch gewohnt war und ihre Antwort sicher schon mehrfach an die Frau und den Mann gebracht hatte. Vermutlich immer erfolgreich, wie bei Maja auch. Maja fiel einfach keine Erwiderung ein. Grübelnd schob sie ihren Einkaufswagen durch die Regalflure und brütete und brütete über einer guten, schlagfertigen Antwort. Bei der Geflügelwurst wurde sie der beiden Damen wieder ansichtig. Und jetzt hatte sie die zündende Idee!

„Darf ich fragen, wieso sie den Mutter-Kind-Parkplatz benutzen?“, fragte sie im Näherkommen.

„Ganz einfach: Sie ist die Mutter und ich bin das Kind!“, trompetete Jung-Tussi triumphierend. Man merkte, dass auch diese Antwort nicht zum ersten Mal platziert wurde.

„Ach so, und die Mutter ist 70 und das Kind ist 50? Das ist nicht der Sinn von einem Mutter-Kind-Parkplatz!“, erwiderte Maja, diesmal innert Millisekunden.

Und das saß! Der Jung-Tussi, einer auf jugendlich geschminkten 35-Jährigen, verrutschte die Gesichtsmuskulatur angesichts der Tatsache, dass sie als 50-Jährige geschätzt wurde. Derselbe Vorgang war bei ihrer Mutter zu beobachten, die ihr Töchterlein vermutlich vor dem zwanzigsten Lebensjahr in die Welt gesetzt hatte und sich von morgens bis abends damit abmühte, für die ältere Schwester ihrer Tochter gehalten zu werden.

„Sie haben wohl nichts Besseres zu tun?“, war die einzige langweilige Erwiderung, die der Jung-Tussi noch einfiel, nicht besonders kreativ und darum mit wenigen Punkten in der B-Note.

„Nein, momentan nicht“, erwiderte Maja fröhlich, „denn ich finde, sie benehmen sich nicht anständig. Sie nehmen Leuten, die darauf angewiesen sind, den Parkplatz weg.“

„Ach, lassen sie mich doch in Ruhe!“ Jung-Tussi zog den Schwanz ein und suchte das Weite. Maja war sehr zufrieden mit sich und ihren kreativen Erwiderungen und gab sich selber zehn Punkte.

Dieses Beispiel soll zeigen, dass es manchmal einfach Zeit braucht, um auf gute Antworten zu kommen, auch für Personen, die sonst eigentlich schlagfertig sind. Wenn Maja die beiden Tussen nicht am Geflügelregal noch einmal getroffen hätte, wäre ihr nichts anderes übriggeblieben, als ihrem Ärger dadurch Luft zu machen, dass sie die Geschichte und ihre mögliche Erwiderung anderen Menschen erzählte. Das hatte sich nun jedoch erübrigt.

„Und außerdem werdet ihr eine Geschichte für mein nächstes Buch, das habt ihr nun davon“, murmelte Maja zufrieden vor sich hin, als sie durch den Regen zu ihrem zivilgesellschaftlich korrekt geparkten Auto zurücklief.

Grund 3 für Hintenrumgerede: Wie sag ich’s meinem Kinde...

Der dritte Grund, den wir für Hintenrumgerede identifizieren konnten, hat mit Höflichkeit und Diplomatie zu tun. Oftmals weiß man eigentlich sehr genau, was man sagen möchte, das Problem liegt nicht daran, dass ein Wurm-„grmpfl“ nicht verdolmetscht wurde. Das Problem liegt auch nicht daran, dass einem vor Verblüffung die Sprache wegbleibt. Problematisch ist tatsächlich das heikle Thema, das zur Debatte steht. Weil man das Gegenüber nicht blamieren und verletzen möchte, sagt man lieber nichts. Das Problem ist aber gleichzeitig zu lästig und zu massiv, um einfach ignoriert zu werden. Und auf diese Art entsteht ein permanenter Quell von Ärgernis, bei dem man sich hilflos fühlt. Die Frage heißt hier: Wie sag ich’s meinem Kinde?

Johannes wurde neulich Zeuge eines typischen Falls von Hintenrumgerede aufgrund von Rücksichtnahme. Bei seinem halbjährlichen Kontrolltermin beim Zahnarzt seines Vertrauens belauschte er – angesichts der offenstehenden Tür zum Wartezimmer mehr oder weniger freiwillig – folgendes Gespräch zwischen zwei Helferinnen.

Melanie: „Du Nicole, gestern hat die Conny wieder ganz schön nach Schweiß gemuffelt, findest du nicht auch? Was sollen denn die Patienten denken. Das ist doch ekelhaft."

Nicole: „Ja total, dir ist das also auch aufgefallen. Ich dachte schon, nur ich rieche das. Man müsste ihr das mal sagen, vielleicht riecht sie sich ja selber nicht."

Melanie: „Also *ich* sag ihr das nicht, ich bin doch nicht verrückt. Die geht doch sofort an die Decke, und ich habe dann eine Woche Stress mit ihr. Neneeee. Ich mach das ganz sicher nicht."

Nicole: „Also, ich ganz sicher auch nicht, die Conny kann ganz schön gemein werden. Früher hätte das die Frau Weiss übernommen, die musste das nur kurz ansprechen, und gut war. Aber die ist ja nicht mehr da. Was machen wir nur?"

Was können die beiden Kolleginnen tun, um Conny in irgendeiner Form auf ihren Körpergeruch aufmerksam zu machen und das Hintenrumgerede zu beenden? Was sie brauchen, ist eine gute Sammlung an Ideen, denn momentan stecken sie fest und sind ratlos. Wir schlagen ihnen darum das Tool „Wunderrad“ vor.

Das Wunderrad

Mit dem Wunderrad werden fünf mögliche Verhaltensweisen geplant, die als Handlungsoptionen für eine bestimmte problematische Situation in Betracht kommen. Sobald man mehr als drei Optionen hat, ist nämlich der Verstand überfordert und gibt das Zepter an den Strudelwurm ab.

Beim Wunderrad werden die Stärken vom Strudelwurm, schnell und situationsadäquat zu reagieren, und die Stärke des Verstands, sich im Vorfeld Handlungsstrategien zu überlegen, kombiniert. Da man im normalen Leben Situationen selten genau vorausplanen kann, muss man sich zuerst verschiedene Strategien überlegen. Selbst wenn es um ein bestimmtes Thema wie Connys Körpergeruch geht, braucht man verschiedene Handlungsalternativen. Es kann sein, dass die schwierige Situation erst nach einiger Zeit wieder auftaucht, es kann sein, dass mich die Sache mal mehr und mal weniger stört, es kann sein, dass wichtige Rahmenbedingungen wie z.B. die Anwesenheit anderer Personen, fehlende Zeit oder die persönliche Stimmungslage unterschiedlich sind. Kurzum, keine Begegnung gleicht der anderen, und Voraussagen, wer sich wie und wann wo befindet, kann selbst der stärkste Computer nicht berechnen. Deshalb ist es hilfreich und entlastend, sich im Vorfeld verschiedene Möglichkeiten auszudenken, um die passende Variante zum richtigen Zeitpunkt anwenden zu können. Für das Vorausplanen ist klassischerweise der Verstand zuständig, und da die Ideenkorbtechnik bereits bekannt ist, darf man sich zum Wunderradthema gerne die Vorschläge und Ideen anderer Personen einholen. Wenn dann mindestens fünf unterschiedliche Ideen, die anwendbar erscheinen und im besten Fall auch noch Spaß machen, gesammelt wurden, kommt der Strudelwurm ins Spiel. Wie schon bei der Affektbilanz machen wir uns die Gedankenschnelligkeit des Strudelwurms zunutze, der immer die gesamte Situation überblickt und entsprechend den aktuellen Erfordernissen später das passende Verhalten aus dem Angebot des Wunderrads auswählen kann.

Wie gestaltet sich nun das Wunderrad für Melanie und Nicole? Die beiden setzen sich an ihr eigenes Wunderrad zum Thema Conny und ihr Körpergeruch. Dazu sammeln sie fünf verschieden Varianten, die sie je nach Stimmungslage und Rahmenbedingungen einsetzen können.

Variante 1: Conny ein Deo in ihrem Umkleideschrank deponieren, beklebt mit Herzchen.

Variante 2: Conny an einem entspannten Arbeitstag, an dem sie NICHT nach Schweiß riecht, zu zweit darauf ansprechen und fragen, ob man sie nächstes Mal direkt darauf hinweisen darf.

Variante 3: Frau Weiss einweihen und sie bitten, das Thema bei ihrem nächsten Praxisbesuch mit Conny zu besprechen.

Variante 4: Den Chef bitten, das Thema bei der nächsten Teamsitzung für alle anzusprechen und so Conny nicht bloßzustellen.

Variante 5: Conny freundlich aber bestimmt ein Deo in die Hand drücken, wenn sie das nächste Mal müffelt.

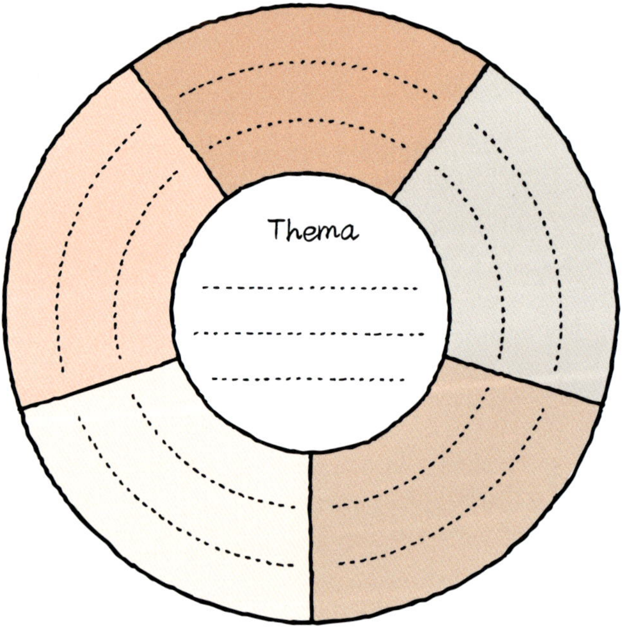

Das Wunderrad ist ein Handwerkszeug, das nicht in der Teamsitzung bearbeitet werden sollte, sondern im privaten Rahmen. In unserem Beispiel haben sich zwei Berufskolleginnen zusammengesetzt, weil sie sich gut verstehen und miteinander auf gute Ideen kommen. Genauso vorstellbar ist, ein Wunderrad zusammen mit der besten Freundin oder dem Ehemann zu erstellen. Oft haben Personen, die nicht aus dem unmittelbaren, problembelasteten Umfeld kommen, sogar die kreativsten Einfälle. Sie können möglicherweise freier denken, weil sie nicht direkt betroffen sind.

Wir wollen Ihnen an dieser Stelle ein herrliches Beispiel eines Wunderrades von Johannes mit auf den Weg geben, das illustriert, wie Wunderräder auch in familiären Belangen bestens funktionieren können.

Während seiner Ausbildung wohnte Johannes' Sohn bei seinem Vater. Die Idee einer Männer-WG gefiel dem Sohn bestens, nur mit der Übernahme von Aufgaben, wie es in WGs üblich ist, konnte er sich nicht so richtig anfreunden. Zu seinen Aufgaben gehörte unter anderem, einmal in der Woche die Wohnung zu saugen. Schließlich war er derjenige, der rauchte und vom Balkon Dreck in die Wohnung schleppte. Nach vier Monaten pädagogischen Einwirkens und verschiedener Versuche, den Sohn dazu zu bringen, regelmäßig zu saugen, war Johannes mit seinem Latein am Ende. Er hatte alle Register gezogen, die ihm einfielen, aber leider ohne Erfolg. Sein Gegenspieler ist ein emotional sehr stabiler Mensch, der selbst einen Sturm wie Kyrill aussitzt und danach sein gewohntes Leben weiterführt. Oft genug hat Johannes dann selbst gesaugt, sein Bedürfnis nach Ordnung war einfach größer als das seines Sohnes. Zu dieser Zeit erfuhr Johannes von dem Tool Wunderrad und startete einen letzten Versuch, seinen Sohn mit allen Rechten, aber auch allen Pflichten in die Wohngemeinschaft einzubinden. Er entwickelte mit Hilfe eines anderen betroffenen Vaters fünf Varianten, die er, je nach Stimmungslage, als pädagogisches Instrument einsetzen konnte.

Variante 1: Selber saugen, wenn er Zeit und Lust dazu hat.

Variante 2: Den Staubsauger mitten in das Zimmer des Sohns stellen.

Variante 3: Keine Pizza mehr einkaufen (eine seiner eigenen WG-Aufgaben).

Variante 4: Das Passwort vom Router ändern, damit der Sohn nicht mehr ins Internet kommt.

Variante 5: Den Sohn zur Rede stellen und mit einem pädagogischen Gespräch nerven.

Mit diesen fünf verschiedenen Möglichkeiten konnte Johannes in Ruhe die Tage verstreichen lassen, in denen die Wohnung ungesaugt blieb, um dann, wenn der letzte mögliche Tag verstrichen war, eine Variante auszuwählen. Er musste nicht lange warten, schon kam wieder die typische Ich-muss-für-die-Klausur-lernen-Woche mit vielen Gängen auf den Balkon und genervtem Augenverdrehen, wenn Johannes auf die deutlich sichtbare Schmutzspur vom Balkon zum Kühlschrank und weiter ins Zimmer hinwies. „Nerv' nich' Dad, du bist doch zwanghaft, lern mal chillen", lautete die Antwort, und der Staubsauger, den Johannes mitten im Zimmer des Sohnes platzierte (Variante zwei), blieb einfach stehen. Zu Variante eins, selber saugen, hatte Johannes keine Lust, und Pizza wurde leider schon in der Woche zuvor auf Vorrat eingekauft (Variante drei). Also war es an der Zeit, Variante vier auszuprobieren.

Die Klausur war am Freitag, und Johannes wusste, dass sein Sohn am Freitagabend um 20 Uhr zu einem wichtigen Raid (Schlachtzug) in seinem Onlinespiel World of Warcraft verabredet war. In diesem Spiel gibt es verschiedene Schwierigkeitsgrade, manche Sequenzen kann man alleine durchstehen, andere sind so schwierig, dass man sie nur als gut eingespieltes Team mit bester Ausrüstung bestehen kann. Natürlich sind bei den schwierigsten Aufgaben auch die Belohnungen, die man nach erfolgreichem Durchlaufen bekommt, ganz besonders wertvoll. Sein Team verabredete sich dazu Tage im Voraus, um dann gemeinsam in die Schlacht zu ziehen. Erstaunlicherweise war für den Sohn diese Verabredung so wichtig, dass er alle Arbeiten, die der Spielgruppe dienten, vorher erledigt hatte. Dass er sich nicht an die Abmachung, Staub zu saugen, hielt, lag also nicht an seiner Unfähigkeit, Regeln zu erkennen und einzuhalten, sondern war eine Frage der Motivation. Und das machte sich Johannes mit Variante vier zu Nutze.

17:59, Johannes ändert das Passwort am Router.

18:00, Sohn kommt nach Hause, grüßt kurz und verschwindet in seinem Zimmer zum Chatten.

18:50, Sohn geht duschen.

18:51, Johannes weiß genau, wie es weitergeht, und freut sich diebisch auf 19:30.

19:15, Sohn schiebt sich eine Pizza in den Ofen, die er gleich am Computer essen will.

19:30, es ertönt hektisches Geklapper auf der Computertastatur.

19:35, die Tür fliegt auf, Sohn flucht und will wissen, ob mit dem Internet alles in Ordnung ist.

19:36, Johannes guckt verwundert vom Buch auf und sagt, dass vorhin noch alles funktioniert hat.

19:37 – 19:45, der Router wird mehrfach neu gestartet, die Tastatur wird malträtiert und der Computer beschimpft.

19:46, ein verzweifelter, blasser Sohn kommt ins Wohnzimmer und fragt, ob Johannes ihm helfen kann, es sei wichtig.

19:47, Johannes holt schweigend den Staubsauger und deponiert ihn im Wohnzimmer.

19:48, Sohn versteht die Zusammenhänge, überlegt in rasender Geschwindigkeit, was mehr Sinn macht, wertvolle Zeit mit Beschimpfung zu verlieren oder besser gleich zu saugen. „Dad, das vergess' ich dir nie", presst er zwischen zusammengebissenen Zähnen hervor und fängt an zu saugen. „Das will ich hoffen", ist Dads Antwort, der sich freut, wie gut Variante vier funktioniert.

20:00, Sohn war noch rechtzeitig zu seinem Schlachtzug online und isst vor dem Computer kalte Pizza. Johannes notiert im Kalender „Variante vier erfolgreich ausprobiert" und ist gespannt, wie lange diese Erfahrung beim Sohn anhält.

Die 15-Minuten-Wurmkur

Aus dem bisher Erklärten lässt sich eine 15-Minuten-Wurmkur zusammenstellen, die schnell gelernt ist und von Menschengruppen jeglicher Art durchgeführt werden kann. Die Wurmkur besteht vom Prinzip her darin, dem Wurm eine Bühne zu geben. Auf dieser Bühne kann der Wurm sein „grmpfl" mitteilen, und die Menschen kümmern sich darum, dass die Wurmsprache in Menschensprache übersetzt wird. Durch diese einfache Maßnahme, so ist unsere vielfache Erfahrung, verschwindet eine ganz gehörige Portion Streit und Zwietracht aus Teams und Familien. Natürlich erschafft die Wurmkur kein friedliches Zusammenleben wie in Noahs Arche. Ärger und Missverständnisse tauchen überall da auf, wo Menschen miteinander zu tun haben, das ist völlig normal. Aber in ganz vielen Fällen kann die Wurmkur spürbar Abhilfe schaffen. Die Rückmeldungen von Teams und Familien, die mit der Wurmkur arbeiten, laufen immer darauf hinaus, dass die Debatten viel weniger geworden sind und dass Zwistigkeiten schneller und eleganter gelöst werden können. Und das ist doch schon eine gewaltige Erleichterung!

Zunächst einmal gelten für Gruppen, die mit der Wurmkur arbeiten wollen, zwei einfache Regeln:

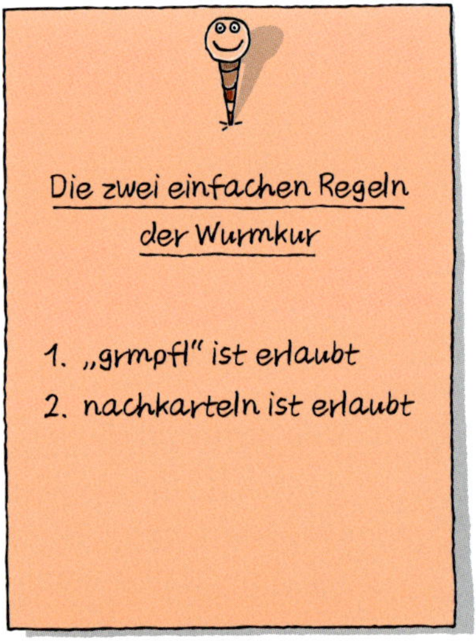

Ein Team, in dem der Wurm eine Heimat gefunden hat, kann „Wurmisch“ sprechen. Darum ist in diesem ausdrücklich erlaubt, „grmpfl“ zu sagen. Wenn eine Person während einer Besprechung ein „grmpfl“ bei sich wahrnimmt, erwartet niemand, dass das Wurmsignal bereits in vollster Perfektion verdolmetscht und mit Argumenten versehen wurde. Es genügt zu sagen: „Moment mal Leute, ich habe dabei ein ‚grmpfl‘. Könnt ihr mir mal bitte helfen, den Gründen dafür auf die Spur zu kommen?“

Prüfungsfrage: Was macht ein Team, bei dem ein Mitglied ein „grmpfl“ anmeldet?

Richtig!

Es bietet einen Ideenkorb an.

Erinnern Sie sich: Oft ist dem Besitzer oder der Besitzerin des „grmpfl“ selber gar nicht klar, was es zu bedeuten hat. Im Ideenkorb werden dann solange Ideen für mögliche Wurmgründe gesammelt, bis der Wurm durch ein deutliches „bingo“ zu erkennen gibt, dass er sich jetzt verstanden fühlt. In dem Moment, wo der Verstand in Menschensprache nachvollziehen kann, worum es dem Wurm geht, kann nach wurmgerechten Lösungen gesucht werden. Entweder wieder mit der Ideenkorbmethode oder in einem ganz normalen Gespräch.

Der Fall, den wir eben beschrieben haben, trifft dann zu, wenn jemand mitten in einer Teamsitzung sein „grmpfl“ hat und dies sofort melden kann.

Wir haben aber auch schon ausführlich über die Langsamen Brüter gesprochen. Einem Langsamen Brüter kann es ohne Weiteres passieren, dass er auch das „grmpfl“ erst mit einiger Verzögerung wahrnimmt. Das kann zum Beispiel der Fall sein, wenn die Teamsitzung gerade zu Ende ist und der Langsame Brüter dabei ist, das Protokoll zu schreiben. Die Erkenntnis, dass man ein „grmpfl“ hatte, kann aber auch erst am Abend auftauchen oder am Morgen danach. Dies ist alles kein Problem, wenn ein Team sich an die Regel Nummer zwei hält, die da lautet: Nachkarteln ist erlaubt. In dem

Moment, in dem der Langsame Brüter die Sicherheit hat, dass er über sein „grmpfl“ auch noch in der nächsten Sitzung sprechen kann, ohne dass die anderen genervt mit den Augen rollen, wird er sich das Hintenrumgerede sparen. Denn er macht das ja nicht aus Spaß an der Freude, nein, er hat sich ein Leben lang eigentlich schon immer schlecht gefühlt, nach so einer Hintenrumorgie. Das Hintenrumgerede entsprang ja immer der nackten Not, weil man nicht wusste, wohin mit der Wort-Ernte.

Jetzt weiß man es: Man bringt das „grmpfl“ einfach in die nächste Teamsitzung mit, erläutert es, wenn man in der Zwischenzeit bereits Menschensprache gefunden hat, oder beantragt einen Ideenkorb, wenn man selber noch nicht so richtig sagen kann, woher das „grmpfl“ eigentlich kommt.

Das Wochen-Wurmlog

Wenn ein Team sich nur einmal in der Woche zu einer Besprechung trifft, dann empfehlen wir ein Wochen-Wurmlog zu führen. Dieses Instrument erlaubt es, alle „grmpfl“ zu sammeln, und sorgt dafür, dass kein Thema vergessen oder verloren geht. Das Wochen-Wurmlog besteht aus einer ganz normalen Pinwand, die in zwei Teile eingeteilt ist. Auf der einen Seite steht als Überschrift „grmpfl“, auf der anderen Seite steht „bingo“.

Die Mitglieder des Teams bekommen zwei Heftchen Post-it-Zettel: einen Satz grüne Zettel für „bingo“, einen Satz rote Zettel für „grmpfl“. Die Aufgabe ist einfach und geht flott voran: Die Mitarbeitenden notieren jedes „grmpfl“, das sie für wichtig halten und in die Wochensitzung einbringen möchten, auf einem Post-it-Zettel und befestigen denselben an der Pinwand. Wenn in einem Team Bedenken bestehen, die „grmpfl“ offiziell zu äußern, dann kann statt einer Pinnwand auch eine „grmpfl“-Box aufgestellt werden, in die man die „grmpfl“-Zettel anonym einwerfen kann. Egal, ob offiziell auf einer Pinnwand oder anonym in einer Box – so ein Wurmlog hat auf jeden Fall den Vorteil, dass auch die Langsamen Brüter oder die Schnellen Starter, denen es dann doch einmal die Sprache verschlagen hat, mehrere Tage Gelegenheit haben, ihre Anliegen festzuhalten. Man nimmt also durch das Wurmlog den Zeitdruck aus der Gruppe, und das wirkt für alle Beteiligten entlastend.

In jeder Wochensitzung des Teams oder der Gruppe wird das Wurmlog gemeinsam gesichtet. Hierfür wird ein fester Tagesordnungspunkt eingeplant. Wie geht die Sichtung vor sich? Ganz einfach: Zettel für Zettel wird mit der Ideenkorbmethode abgearbeitet. Die Portionierung der Zettel kann variieren. Ein Team kann zum Beispiel festlegen, dass man so viele Zettel bearbeitet, wie in 15 Mi-

nuten passen. Ein anderes Team nimmt sich vor, pro Wurmkur einen einzigen Zettel zu bearbeiten.

Bleibt nur noch die Frage: Wer entscheidet, welche Zettel „dran“ sind? Auch hier gibt es verschiedene Möglichkeiten. Man kann den Zufall eingreifen lassen und einfach blind einen Zettel ziehen. Man kann aber auch das Interesse der Gruppe mit Moderationspunkten ermitteln und die „grmpfl“ und „bingo“ priorisieren. Und schließlich kann man die Zettel auch einfach mit Datum versehen und in der Reihenfolge des Eingangs abarbeiten. Wohlgemerkt: Auch für das Wurmlog gilt, dass ein „grmpfl“ keineswegs in Sprache gefasst sein muss. Es genügt, wenn die Urheberin oder der Urheber des „grmpfl“-Post-it sich an die Situation erinnert, in der das Würmli das Signal geschickt hat. Die Situation wird dann beschrieben, und mit Hilfe des Ideenkorbs wird gemeinsam versucht, dem Wurmsignal auf die Spur zu kommen. Wenn der Wurm sich verstanden fühlt, äußert er das durch ein „bingo"-Gefühl. So lautet das Prinzip.

Wenn ein „grmpfl" in Sprache gefasst ist, können alle Beteiligten gemeinsam darüber nachdenken, wie man Abhilfe schaffen kann. Idealerweise wird hierzu ein Ideenkorb gefüllt, aus dem der Urheber des „grmpfl" mit Hilfe der Affektbilanz die Lösung für sich aussuchen darf, die zwei Kriterien erfüllt: Sie muss eine spürbare Besserung der Affektbilanz mit sich bringen, und sie muss realisierbar sein. Wenn in der Sitzung, die gerade stattfindet, noch keine Lösung gefunden wurde, kann auch eine zweite Runde Ideenkorb für die nächste Woche angesetzt werden. Was ist das Ziel der Lösungssuche? Wir raten dringend davon ab, zwanghaft und perfektionistisch nach der ultimativen Abhilfe zu suchen. Manchmal gibt es verblüffend einfache Lösungen, die für alle am Konflikt beteiligten Personen sehr hilfreich sind, manchmal findet sich auch nur eine halbgare Lösung oder auch gar keine. Wir leben alle nicht im Paradies, niemand ist dafür verantwortlich, uns in Watte zu packen. Die Kompetenz, mit negativen Gefühlen umzugehen und sie auszuhalten, ist Teil einer reifen Persönlichkeit. Wenn es durch den Ideenkorb nur schon gelingt, für ein Drittel der „grmpfl" gute Lösungen zu finden, stellt das einen Steigerung um hundert Prozent dar. Das Klima in der Gruppe ändert sich, und auf Dauer wird die Kommunikationskompetenz aller Mitglieder verbessert, weil man sich ganz einfach intensiver kennenlernt. Außerdem ist es, so unsere Erfahrung, für jeden Wurm schon einmal positiv, wenn man ihm einfach zuhört. Dass eine Gruppe von Menschen systematisch für Gelegen-

heit sorgt, dass die Würmlis aller Anwesenden zu Wort kommen – alleine das wirkt heilsam und hilfreich.

In dem Wurmlog, das wir vorschlagen, haben auch die „bingo“ ihren Platz. Wir legen nahe, mit den „grmpfl“ zu beginnen und mit den „bingo“ zu enden. Warum empfiehlt sich dieser Ablauf? Die Wahrnehmung des ganz normalen Alltags soll auch auf die Gelegenheiten gerichtet werden, in denen der Wurm sich gefreut hat. In jeder Gruppe von Menschen gibt es diese Gelegenheiten. Die Achtsamkeit für Gründe zur Freude zu schärfen verändert auf Dauer das Klima der Gruppe hin zum Positiven. Sich „bingo“-Situationen zu erzählen ist also eine nachhaltige Maßnahme zur Aktivierung der Ressourcen einer Gruppe, die völlig kostenfrei ist, flott über die Bühne geht und dabei doch hocheffizient ist. Wie geht man mit „bingo“-Situationen um? Das Prinzip ist schnell erklärt: Von „bingo“ kann kein Wurm genug haben, je mehr „bingo“, desto besser für alle, „bingo“ ist Wurmfutter!

Davon lebt der Wurm, die „bingo“ machen sein Leben fröhlich und zufrieden. Dort, wo er „bingo“ findet, geht er gerne hin, und Menschen, die für „bingo“ sorgen, mag der Wurm besonders gerne. Wenn ein Team damit beginnt, sich gezielt darum zu kümmern, „bingo“ zu vermehren, dann steigt die Wahrscheinlichkeit, dass viele Würmer sich in dieser Gruppe daheim fühlen. Und dieses Grundgefühl tut allen Gruppen gut, sei es das Team einer Arztpraxis, ein Team von Kunden-berater-Innen einer Bank, ein Kirchenchor, eine Hausgemeinschaft oder eine Familie.

grmpfl
Erzähl! Was wurmt dich?

Wie Führungskräfte helfen können

Zum Abschluss unseres Wurmkur-Büchleins wollen wir noch ein paar Worte darüber verlieren, was eine Führungskraft dazu beitragen kann, dass es den Würmlis der Mitarbeitenden gut geht. Führungskräfte, die über die Existenz des Wurmsystems in der menschlichen Psyche Bescheid wissen, können vieles richtig machen, ohne zehn Jahre an der Uni Psychologie zu studieren.

Die wichtigste Kompetenz haben Sie schon erworben, indem Sie dieses Büchlein gelesen haben: Sie wissen, dass Menschen nicht nur mit dem Verstand arbeiten, sondern dass es ein zweites System gibt, das Wurmsystem.

Führungskompetenz Nummer 1:

Wissen, dass es ein Wurmsystem gibt.

Weil Sie auch über die unterschiedlichen Arbeitsweisen der beiden Systeme etwas gelesen haben, ist Ihnen bereits bekannt, dass der Verstand langsamer arbeitet als der Wurm. Wenn Sie mit dem Würmli der Mitarbeiterin oder des Mitarbeiters in Kontakt treten wollen, dann ist es sehr hilfreich, das unterschiedliche Arbeitstempo der beiden Systeme zu kennen.

Führungskompetenz Nummer 2:

Wissen, dass Verstand und Wurm ein unterschiedliches Arbeitstempo haben.

Was bedeutet es für die Führungskraft zu wissen, dass der Wurm seine Bewertung schneller abgibt als der Verstand? Oh, eine ganze Menge! Eine Führungskraft, die gut beobachtet, kann nämlich die Wurmreaktion ihrer Mitarbeitenden erkennen. Den meisten Menschen kann man nämlich sozusagen an der Nasenspitze ablesen, was der Wurm von einem bestimmten Vorschlag

oder einer neuen Anweisung hält. Warum wohl haben Pokerspieler so oft ihre Augen hinter Sonnenbrillen versteckt oder verhüllen ihre Köpfe mit Kapuzen von Hoodies? Genau! Damit die gegnerische Seite ihre Wurmreaktion nicht beobachten kann. Wurmreaktionen zeigen sich durch eine Veränderung der Pupillengröße, der Mimik oder der Durchblutung im Gesicht. Oft ändert sich auch spontan die Körperhaltung oder die Atmung. All dies muss eine Führungskraft jedoch gar nicht im Detail wissen. In den meisten Fällen genügt der generelle Gesamteindruck, den das Gegenüber macht, um einschätzen zu können, ob der Wurm „grmpfl“ oder „bingo“ sagt. Wenn Sie ein alltagstaugliches Beispiel für den körperlichen Ausdruck der Wurmbewertung möchten, dann erinnern Sie sich einmal an eine Situation, in der Sie einer Person beim Auspacken eines Geschenkes zuschauen konnten.

Erst wird das Geschenkband entfernt, dann das Papier, und die Spannung aller Anwesenden steigt: Was wird Tante Herta wohl zu dem rosa Porzellanflamingo sagen, den sie auf den Kaminsims stellen soll? Genau in dem Moment, in dem das Wurmsystem von Tante Herta erfasst hat, was sie da ausgewickelt hat, wird auch schon die Bewertung serviert. Im schlechten Fall können alle Beteiligten auf Tante Hertas Gesicht das nackte Entsetzen entziffern, das ihr Wurm angesichts des grausamen Kitschgeschenkes empfindet. Und kurz nach dem deutlich sichtbaren „grmpfl“ zwingt Tante Hertas Verstand sie dazu, ihre Mimik in ein Lächeln zu gießen und zu flöten: „Oh, ein rosa Porzellanflamingo, was für ein außergewöhnliches Geschenk! Er wird sicher ganz herrlich auf meinem Kaminsims zur Geltung kommen und passt wunderbar zu meiner Sammlung von Biedermeier-Vasen. Wer von euch ist denn auf diese reizende Idee gekommen?“

Alle wissen sofort, dass dieses Geschenk der vollkommene Fehlschlag war, und Cousine Sissi, von der die Flamingo-Idee stammt, rückt nur zögernd mit einem zaghaften „Ich!“ heraus. Woher wissen alle instinktiv, dass Tante Herta den Flamingo übermorgen der Kirchentombola für das Pfarrfest spenden wird? Weil alle Tante Hertas Wurm beobachtet haben. Menschen können dies von Natur aus, ohne dass sie jemals dafür ausgebildet werden müssten. Tiere beobachten Wurmreaktionen übrigens auch. Die präzise Abstimmung der eigenen Wurmreaktion mit dem Hund ist ein wichtiger Inhalt dessen, was mit Hundehaltenden in Hundeschulen trainiert wird.

Im positiven Fall wickelt Tante Herta den Flamingo aus, und man kann dem Wurm beim Ausflippen zuschauen. Ihre Augen werden groß, die Bäckchen rot, sie holt tief Luft und stößt einen Freudenschrei aus: „Ein Flamiiiingo! Seit Jahren schon wünsche ich mir sowas für meinen Kaminsims, aber das ist doch viel zu teuer, meine Güte, wer ist denn auf diese tolle Idee gekommen, ihr seid ja echte Goldstücke, endlich habe ich einen Flamingo, was für ein Prachtstück und noch mit Goldstaub drüber, ich kann es ja gar nicht fassen!“

Liebe Führungskräfte, kramen Sie in Ihrer Erinnerung nach einem solchen Geschenkerlebnis, und Sie haben eine innere Vorstellung von der Geschwindigkeit und dem körperlichen Ausdruck der Wurmreaktion. Sie müssen nicht nach einer Tante suchen, ein Mann zeigt diese Reaktion genauso. Sie müssen auch nicht verwandt sein mit dem Menschen, der die Wurmreaktion beim Beschenktwerden gezeigt hat, Sie müssen nur gut beobachtet haben. Kürzlich war ich auf den fünfzigsten Geburtstag eines Sportvereinsmitglieds eingeladen. Natürlich ließen es sich seine Kumpels nicht nehmen, ihm ein Gedicht zu bauen und ein Spezialgeschenk zur überreichen. Der Geburtstagsmann war weithin bekannt für seine Liebe zu Wurstsalat in jeder Menge und egal in welcher Darreichungsform. Sie hatten darum die Idee, dass sie ihm eine Lyonerwurst (die Basis für Wurstsalat) in seiner Körpergröße schenkten. In der Metzgerei hatten sie darum die Sonderanfertigung einer Riesenlyoner herstellen lassen. Der Wurm des Geburtstageskindes strahlte vor Glück! Die Fotos von dem glücklichen Wurmbesitzer mit seiner Riesenlyoner im Arm sind eine wahre Wonne.

Mit diesem Bild im Hinterkopf können Sie ab sofort auf den Wurm ihrer Mitarbeitenden zügig und problemlos eingehen. Wie man das macht, haben Sie auch schon gelernt, denn Sie wissen, dass ein „grmpfl" verdolmetscht werden muss.

Führungskompetenz Nummer 3:
Wissen, dass ein „grmpfl“ verdolmetscht werden muss.

„Ich sehe das meinen Leuten sofort an, wenn die ein „grmpfl“ haben, und dann frage ich einfach gleich: Na, hast du ein ‚grmpfl‘?“, erzählt der Teamleiter einer Autowerkstatt. „Mit diesem ‚grmpfl‘ können wir jetzt ganz viele Probleme schnell ausräumen, ohne dass man groß psychologisch werden muss. Für uns ist das ideal, wir sind Mechaniker, bei uns muss das kurz und saftig gehen.“

„Seit wir mit dem ‚grmpfl‘ arbeiten, haben wir viel weniger Konflikte in der Familie. Wenn jemandem etwas nicht passt, meldet diese Person ihr ‚grmpfl‘ an, und wir machen eine kleine Wurmkur, sobald alle Zeit haben, oft am Ende des Abendessens. Wir werden alle immer besser darin, Ideenkörbe zu füllen. Und wir lernen uns auch viel besser kennen, denn mit der Zeit kennt man ja die Wurmvorlieben der einzelnen Familienmitglieder. Außerdem finde ich, dass wir miteinander toleranter geworden sind, denn für die Wurmreaktion kann ja keiner was. Die ist gegeben, und man muss dann halt schauen, wie man optimal damit umgehen kann.“ Sophia, die dies berichtet, ist Sozialpädagogin und hat schon viele verschiedene Methoden ausprobiert, um in ihrer Familie die kommunikative Kompetenz zu steigern. An der Wurmkur gefällt ihr gut, dass die Vorgehensweise klar gegliedert und zeitlich begrenzt ist und dass auch schon ihr jüngster Spross mit seinen sechs Jahren genauso mitmachen kann wie ihr Ehemann.

Auch die Zahnarztpraxis von Conny, Melanie und Nicole haben die 15-Minuten-Wurmkur in ihr wöchentliches Team-Meeting eingebaut. Alle im Team empfinden es als entlastend, nicht mehr sagen zu müssen „*Mir* gefällt das nicht“ oder „*Mich* stört das“, sondern ihr Würmli vorschicken können. Wenn das Würmli ein „grmpfl“ äußert, sind die anderen Würmlis gerne bereit, zuzuhören und Ideen zu spenden. So konnte zum Beispiel das leidige Thema „Wer macht wann Urlaub“, das seit Jahren für Missstimmungen sorgte, in einer Extrasitzung mit Pizza und genügend Zeit, um alle Argumente zu sammeln, geklärt werden. Jedes Würmli fühlte sich wahrgenommen und kann mit der aktuellen Lösung gut leben. Der Vorteil für den Chef: Er muss keine Einzelgespräche mit wütenden und frustrierten Würmern mehr führen und „durchgreifen", „auf den Tisch hauen" oder „entscheiden, wie es gemacht wird". Denn gut angeleitete Strudelwürmer können das alles selbst in die Hand nehmen, dazu braucht es keinen Chef.

In den ersten drei Monaten der Wurmkur war die Pinwand in der Praxis noch bunt bestückt, mit viel „grmpfl" und ein paar „bingo". Mittlerweile bleibt sie wochenlang leer. Die „grmpfl" sind fast alle aus dem Weg geräumt, und die „bingo" teilen sich die Würmlis sofort mit.